Association+Culture

Speaking of heritage — Parlons du patrimoine

Edited by • Édité par : Jenn Yerkes & Mark Yokoyama
2024 Les Fruits de Mer
ISBN: 9798322534808

Introduction

Associations are a key part of St. Martin's cultural landscape. They preserve, document, and share the unique culture of the island. In this book, we share interviews with members of three associations about their cultural work. We learn what inspired them, and how they keep culture alive on St. Martin.

We thank all of the participants for sharing their stories with us, and for their important cultural work. If you are inspired by what you read, we encourage you to join one of the island's associations.

Introduction

Les associations sont des acteurs clés du paysage culturel de Saint-Martin. Elles préservent, documentent et partagent la culture unique de l'île. Dans ce livre, nous partageons des entretiens avec des membres de trois associations sur leur travail culturel. Nous découvrons ce qui les a inspirés et comment ils maintiennent la culture vivante à Saint-Martin.

Nous remercions tous les participants d'avoir partagé leurs histoires avec nous et pour leur important travail culturel. Si ce que vous lisez vous inspire, nous vous encourageons à adhérer à l'une des associations de l'île.

Interviews with Roland Richardson and accompanying images courtesy of Sir Roland Richardson, founder of the Roland Richardson Heritage Association.

Les interviews avec Roland Richardson et les images qui les accompagnent gracieuseté de Sir Roland Richardson, fondateur de la Roland Richardson Heritage Association.

Soualiwomen Kultural Association (SKA)

SKA participates in Carnival with a cultural and modern touch. It also promotes St. Martin's folkloric, culinary and musical culture with events for members and the public. It was founded in 2017 in Marigot.

SKA participe au Carnaval avec une touche culturelle et moderne. L'association promeut également la culture folklorique, culinaire et musicale de Saint-Martin avec des événements destinés aux membres et au grand public. Elle a été fondée en 2017 à Marigot.

Good Friends Association

Good Friends Association supports youth and the elderly with material and moral assistance. It organizes cultural, educational, sporting and environmental activities. It was founded in 1987 in Cripple Gate.

L'Association Good Friends soutient les jeunes et les personnes âgées par une aide matérielle et morale, en organisant des activités culturelles, éducatives, sportives et environnementales. Elle a été fondée en 1987 à Cripple Gate.

Roland Richardson Heritage Association

The Roland Richardson Heritage Association is dedicated to the preservation of St. Martin's heritage and the artistic and cultural legacy of Sir Roland Richardson.

La Roland Richardson Heritage Association se consacre à la préservation du patrimoine de Saint-Martin et de l'héritage artistique et culturel de Sir Roland Richardson.

Roots in the Culture
Erica Stephen

We were born in the '80s. We are relatively young, but we grew up amongst our family. Our family, they are from Rambaud. Rambaud is considered as one of the agricultural parts of the island. We grew up around our family, so we always had our aunts and mother to show us how they did back then or what they knew.

Now, us youngsters, we went through different changes throughout the year. Our childhood was outside playing skip rope, catch, bonza. I climbed trees. Up to a few years ago, my daughter never knew people used to climb trees. We climbed trees. We used to pick mangos, fruits down in the gut we would say. That's the bushes in Rambaud.

Our aunts, they actually took us down in the bush to cook, on the rocks. These are things that rocked our youth, our younghood. We are lucky. I think we were the last generation to be lucky enough to get those things and to go through the transition and we reminisce on it still.

I think it's that feeling, it's those knowledge, those opportunities we are trying to give to the youth and to the public of today. Because in St. Martin, the population is very diversified right now. It's composed of a lot of nationalities. Lots of people

Erica Stephen, leader of the Soualiwomen Kultural Association

Erica Stephen, dirigeante de la Soualiwomen Kultural Association

Racines dans la culture
Erica Stephen

Erica Stephen participating in Carnival with the SKA troupe in 2023

Erica Stephen participant au Carnaval avec la troupe SKA en 2023

Nous sommes nées dans les années 80. Nous sommes relativement jeunes et nous avons grandi au sein de notre famille. Notre famille est de Rambaud. Rambaud est considéré comme l'une des parties agricoles de l'île. Nous avons grandi auprès de notre famille, et nos tantes ont toujours été là pour nous montrer ce qu'elles faisaient ou ce qu'elles savaient.

Depuis notre jeunesse, il y a eu bien des changements. Durant notre enfance, on était constamment à l'extérieur, à jouer à la corde à sauter, au ballon, au lance-pierre. Je grimpais aux arbres. Jusqu'à il y a quelques années, ma fille ne savait pas que les gens grimpaient aux arbres. On grimpait aux arbres. On allait cueillir des mangues, des fruits du ravin, comme on disait. Ce sont « les bois » de Rambaud.

Nos tantes nous a emmené dans les bois pour faire la cuisine sur les rochers. Ça a bercé notre jeunesse, nos jeunes années. Nous avons de la chance. Je pense que nous sommes la dernière génération à avoir eu cette chance et à connaître cette transition, et nous nous en souvenons encore.

Je pense que c'est ce sentiment, ces connaissances, ces opportunités que nous essayons de transmettre aux jeunes et au public d'aujourd'hui. Parce qu'à

came in. It's no more just St. Martiners for one. I think it is very important that each and every one living on the island should be aware or know or have knowledge of how things used to be done back then.

I would say our mission is to get people back in touch with their roots, how we remember it, because we are a generation that went through many changes. Maybe to get back in touch with the roots in the culture in St. Martin. To get back to the real stuff, not just computer screens. Just to get back to know how St. Martin was before, what you could do on your own.

Our aim is also to empower women in a way and show them that whatever activities being done on the island, they could assist, even though they have children. That they can do these things with their children. We want to show women also that they could do certain things on their own with their hands. Children also.

I would say our mission is to show people that they could be self-sufficient and to remember that St. Martin has a culture and that we just need to look for it and try interest ourself in it. Maybe not bring it back, but at least know it was there. It's there and that it could always be there.

Erica and Laticha Stephen, leaders of SKA

Erica et Laticha Stephen, dirigeantes de SKA

Oil drum ovens with a stone oven in the background

Fours faits de barils à pétrole avec un four en pierre en arrière-plan

Taking hot johnny cakes out of the oil drum oven

Sortir les johnny cakes chauds du four à baril à pétrole

Making a pot of bush tea on three stones

Faire un faitout de « bush tea » sur trois pierres

Saint-Martin, la population est très diversifiée aujourd'hui. Elle comporte beaucoup de nationalités. Beaucoup de gens sont arrivés. Ce ne sont plus seulement des Saint-Martinois. Je pense qu'il est très important que toute personne vivant sur l'île soit consciente ou connaisse ou ait une idée de la façon dont les choses se faisaient à l'époque.

Je dirais que notre mission est de reconnecter les gens à leurs racines, à notre vie d'avant, car nous sommes une génération qui a connu de nombreux changements. Peut-être pour retrouver les racines de la culture de Saint-Martin. Pour revenir aux choses réelles, ne pas être toujours devant un écran. Pour revenir à ce qu'était Saint-Martin avant, à ce qu'on pouvait faire par nous-mêmes.

Il s'agit également de renforcer l'autonomie des femmes et de leur montrer que quelles que soient les activités sur l'île, elles peuvent y participer, même si elles ont des enfants. Qu'elles peuvent le faire avec leurs enfants. Montrer aussi aux femmes qu'elles peuvent faire certaines choses par elles-mêmes, de leurs propres mains. Les enfants aussi.

Je dirais que notre mission est de montrer aux gens qu'ils peuvent être autosuffisants et de leur rappeler que Saint-Martin a une culture, que nous devons la rechercher et essayer de nous y intéresser. Peut-être pas revenir à cette culture, mais au moins savoir qu'elle était là. Elle existe et elle pourrait toujours exister.

It's We Bacchanal
Laticha & Erica Stephen

Basically, the idea was to come back to our roots or the ancient way, I would say, of doing Carnival. It was very creative. We said, "We won't be any more on the sidewalks. We will be an actor in the St. Martin Carnival, but we will do it differently."

We opened up to many different activities because of COVID. We believed that the association could go beyond. It's a Carnival association, but also a cultural association. We believed that we could do other things, and also get the public aware of some cultural aspects of our island, whether it's through dance, creativity, or cuisine. We just decided, "Okay, we would range out on other cultural activities to keep the association going throughout the year, but also to make the public participants of their own culture and history."

We started to do the johnny cake workshop. We did it once in 2018. It worked very well and so we said, "No, we have to keep that one going." That's how we became more on the culture and arts and the manual do-it-yourself field.

We did a workshop with kids for Mother's Day last year where they had to make a jewelry set, but based on the African way of doing jewelry. We were requested by the tourism office to do some

Laticha Stephen, leader of the Soualiwomen Kultural Association

Laticha Stephen, dirigeante de la Soualiwomen Kultural Association

C'est notre bacchanale
Laticha & Erica Stephen

En fait, l'idée était de revenir à nos racines ou à l'ancienne, je dirais, de faire Carnaval. C'était très créatif. Nous nous sommes dit : « On ne restera pas sur le trottoir. On sera acteurs du Carnaval de Saint-Martin, mais on le fera différemment. »

Avec le COVID, nous nous sommes ouverts à de nombreuses activités variées. Nous avons pensé que l'association pouvait aller plus loin. C'est une association pour le Carnaval, mais aussi une association culturelle. Nous avons pensé qu'on pouvait faire d'autres choses, et aussi sensibiliser le public à certains aspects culturels de notre île, que ce soit par le biais de la danse, de la créativité ou de la cuisine. Nous avons simplement décidé, « OK, on proposera d'autres activités culturelles pour faire vivre l'association tout au long de l'année, mais aussi pour faire participer le public à sa propre culture et à son histoire. »

Nous avons créé l'atelier johnny cake. Nous l'avons mis en place la première fois en 2018. Ça a très bien marché et nous nous sommes dit : « il faut qu'on continue cet atelier. » C'est comme ça que nous nous sommes tournés davantage vers la culture et les arts et vers le bricolage manuel faire soi-même.

L'année dernière, à l'occasion de la fête des mères, nous avons organisé un atelier pour les enfants, au cours duquel ils devaient fabriquer une parure de bijoux, mais à la manière africaine. L'office du tourisme nous a demandé de faire quelques ateliers de cuisine. Nous avons accueilli des enfants du collège. Nous leur avons appris à faire des tartes et des johnny cakes. Chaque fois qu'il y a des célébrations ou des événements, nous avons aussi des petits stands où nous vendons des johnny cakes frits ou cuits au four pour que le public puisse les goûter et les découvrir.

Lors de cet atelier johnny cakes, nous avons présenté des jeux d'antan. Nous pensions que les enfants seraient les premiers à avoir envie de jouer avec le bâton et la roue. En fait, nous avons eu des personnes de 40 ans, 50 ans, qui se sont amusées avec ces jouets parce que ça leur rappelait leur enfance. C'est le type d'activités que nous essayons d'introduire pendant notre atelier.

of the cooking workshops. We had some of the children from the middle school. We taught them how to do tarts also, johnny cake also. Whenever there is some celebrations or events, we also have little stands where we sell fried or baked johnny cake to let the public get to taste them and know about them also.

Once, at the johnny cake workshop we introduced the old-time games. We thought that the children would be the ones to be playing with the stick and the wheel. Actually, we had 40 year-old people, 50-year old people, playing with these toys because it reminded them of their childhood. This is the type of activities we try to introduce during our workshop. To have the public to be able to access activities that they never thought they could do or would be interested in.

The SKA troupe at Carnival in Marigot

La troupe SKA au Carnaval, Marigot

I'm just thinking back on our childhood. My daughters, they are not growing up in the bushes like we did, like my mother and her sisters did. They are not getting that opportunity. For me, it is very important to show them. Maybe they might not have the possibility to live it like we did or like my mother did, but let them know this is how it used to be back then. For me, remembering where I came from and to know where my kids are going. For me, that's the way I'm seeing it.

Sometimes we sit down and we say that, "We used to do this when we were younger. How we could bring it back?" or "This is what our mother, her sisters used to do. How we could bring this back? How we could get people to know this is how it was back then?" or "This is what we grew up in," or "This is what you could do on your own."

Also it's a way of bringing back the socialness in St. Maarten that is disappearing. I would say the cultural knowledge also which is disappearing, and those two aspects that we would like to portray in our association.

Learning to play the steelpan at a SKA workshop

Initiation au steelpan lors d'un atelier SKA

Learning the Ponum dance at a SKA workshop

Initiation au Ponum lors d'un atelier SKA

Pour que le public puisse accéder à des activités auxquelles il n'aurait jamais pensé, ou auxquelles il n'aurait jamais imaginé s'intéresser.

Je repense à notre enfance. Mes filles ne grandissent pas à l'extérieur comme nous, comme ma mère et ses sœurs. Elles n'en ont pas la possibilité. Pour moi, il est très important de leur montrer. Elles n'auront peut-être pas la possibilité de vivre comme nous ou comme ma mère, mais il faut leur faire savoir que c'était comme ça à l'époque. Moi, je veux me rappeler d'où je viens et savoir où vont mes enfants. C'est comme ça que je vois les choses.

Parfois, nous nous asseyons et nous disons : « Voilà ce qu'on faisait quand on était jeunes. Comment y revenir ? » ou « c'est ce que notre mère et ses sœurs faisaient. Comment pourrait-on y revenir ? Comment faire pour que les gens sachent que c'était comme ça à l'époque ? » ou « c'est dans ce cadre-là qu'on a grandi », ou « vous aussi vous pourriez faire ça par vous-mêmes ».

C'est aussi une façon de ramener à Saint-Martin cette sociabilité qui est en train de disparaître. Je dirais aussi que la connaissance de notre culture est en train de disparaître, et à notre association ce sont ces deux aspects que nous aimerions mettre en valeur.

Children Village
Lucienne Baly

My name is Lucienne Baly from Rambaud. I have a lot of nieces and nephews, but Laticha and Erica create this association so I just go along with them. I was born in 1954, the 8th of October. Live in French Quarter for now, because I'm married over here and everything. I have six children, many grandchildren, two great-grands, and I'm a happy, proud grandmother of my grandchildren and my great-grands.

In my days now, when it's Easter or Christmas, we all goes to the beach with cake, with liquor, with food and everything. We goes to the beach to eat and enjoy, we sit and see friends. Kids of today don't see that. And we used to have some nice time because we used to play like rounders, hoop, ballon prisonnier, hide and seek. We used to do that.

And where we lived, my mother had 12 of we. Another lady had 10, another lady had 10, and one lady had one husband, so they used to call our little village "children village," because when they come down there, they only see children. So this is what they called our village, children village in Rambaud.

We used to have nice life in those days, because we used to eat mostly in the bush. When our mother

Lucienne Baly, SKA member

Lucienne Baly, membre de SKA

Village des enfants
Lucienne Baly

Je m'appelle Lucienne Baly, je suis de Rambaud. J'ai beaucoup de neveux et de nièces, et comme Laticha et Erica ont créé cette association, je suis le mouvement. Je suis née en 1954, le 8 octobre. Je vis à Quartier d'Orléans actuellement, parce que j'y habite avec mon mari. J'ai six enfants, de nombreux petits-enfants, deux arrière-petits-enfants, et je suis une grand-mère heureuse et fière de mes petits-enfants et de mes arrière-petits-enfants.

De mon temps, quand c'était Pâques ou Noël, on allait tous à la plage avec des gâteaux, de l'alcool, de la nourriture et plein d'autres choses. On allait à la plage pour manger et s'amuser, on s'asseyait et on partageait avec les amis. Les enfants d'aujourd'hui ne connaissent pas ça. On passait de bons moments parce qu'on jouait à « rounders », au ballon prisonnier, au cerceau, à cache-cache. C'était l'habitude.

Chez nous, ma mère avait 12 enfants. Une autre dame en avait 10, une autre en avait 10, et une dame avait le mari, alors les gens appelaient notre petit village « le village des enfants », parce que quand ils venaient, ils ne voyaient que des enfants. C'est ainsi qu'ils appelaient notre village « le village des enfants de Rambaud ».

La vie était belle à l'époque, on mangeait surtout dans les bois. Quand notre mère cuisinait, si on ne voulait pas de ce qu'elle préparait, on allait se servir dans les bois. On cherchait des corossols, des mangues, des pommes surettes, des quenettes, des pommes cannelles. Tout ce qu'il y avait comme fruits, on les mangeait. Tout ce qu'on trouvait, on le mangeait, et on allait dans ce champ appelé « the gut », et on ramassait des pierres. Ceux qui pouvaient grimper prenaient plein de pierres, et lançaient les pierres dans l'arbre pour faire tomber une mangue. Peut-être une seule mangue, alors qu'on était six ou sept.

Et on la lançait au premier d'entre nous, on lançait une pierre, on ramassait une mangue, on courait. Parfois, quelqu'un recevait une pierre sur la tête et disait, « Oh là là, j'ai reçu une pierre », et on s'amusait bien. C'était très sympa et tout, et puis on avait des goyaves. On avait beaucoup de

cook for us, if we don't want to eat what she cook, we go to the bush. We look for soursop, mango, pomme surette, kinnip, sugar apple. Whatever there was ripe fruits, we eat. Whatever we get we hand on, we eat, and we use to go in this field called the gut, and we used to take rocks. Who could climb, pulled up a lot of rocks, and we'd pitch rocks in the tree to get a mango down. Maybe one mango, and about six, seven of us.

And we'd pitch it so the first person, get out a rock, get a mango, we run. Sometimes, somebody gets chopped in the head and this, "Oh my God, I got chopped," and it was a lot of fun. It was very nice with us and thing, and then we had guava. We have a lot of fruits, the cherries and the cherry nut. We got the cherry nut, they cashew. We have a lot of fruits and berries and thing, and my mother used to make grounds.

Soursop

Corossol

She had grounds with a lot of sweet potato, pigeon peas, and okra. Just so many different things that I can't even remember, so my mother never really used to buy a lot of foods, a lot of ground food. She growed it.

There was foods from the ground to eat, lettuce, tomatoes, carrot, whatever she could have plant, she planted. She got a little spot she made ground for us all to enjoy ourselves, because those days, there wasn't much money. They call it flourishing now, but we have good time, especially on Easter Monday when we go on the beach. Oh, my God. It was the bomb.

It was sweet, because sometimes got a little liquor, little punch, nobody didn't know nothing about heavy liquor. Our liquor was cask rum, Dubonnet and black and white whiskey, and you make a flavor of your punch of all different fruits, so we used to go behind our parents back and tipple rum, tipple all the punch and drink, but we cannot let them see us, but it was good time.

Kinnips

Quenettes

Sugar Apple

Pomme cannelle

fruits, des baies et des noix. Nous avions des noix, c'étaient des noix de cajou. Et ma mère avait un jardin potager.

Son jardin avec beaucoup de patates douces, des pois d'Angole qui poussaient, du gombo. Tellement de choses différentes dont je ne peux même pas me souvenir, alors ma mère n'achetait jamais vraiment beaucoup de nourriture, de légumes qui poussent dans le sol. Elle les faisait pousser.

Il y avait de la nourriture qui poussait dans le jardin, de la laitue, des tomates, des carottes, tout ce qu'elle pouvait planter, elle le plantait. On avait un petit endroit qu'elle nous laissait pour qu'on puisse tous s'y amuser, car à cette époque, il n'y avait pas beaucoup d'argent. On appelle ça « flourishing » maintenant, mais on s'amusait bien, surtout le lundi de Pâques quand on allait à la plage. Oh là là, qu'est-ce que c'était bien.

C'était bien, parce que parfois il y avait un peu de liqueur, un peu de punch, personne ne connaissait la liqueur forte. Notre liqueur, c'était du rhum de barrique, du Dubonnet et du whisky Black and White, et on faisait du punch avec toute sorte de fruits, alors on se cachait de nos parents et on goûtait le rhum, on sirotait tout le punch, mais on le faisait en cachette, et c'était un bon moment.

The Best Days
Augustine Baly

I was born in Rambaud. I was born in 1965, so I'm 57 years of age. I have four kids. I have six grandchildren. That's my little family circle, but I have three granddaughters and three grandson, the three grandson are in France, so I don't see them, but I will chat on the phone now and then. Technology is really good. Our mother teach us a lot.

We was 12 children, a big family. By the time I grew up and get the knowledge, my siblings was already big. My sister, she has 11 years older than me, but by the time I grew up and had knowledge, she was old enough to go on her own, but then my mother was still there, she teach us a lot.

The day that my mother would cook something that we didn't like to eat, "Hey, we gonna go hit the bushes." We know we're going to find some kind of fruit growing to fill up our stomach.

My mom used to say to it, "If you don't want it, lie down side of it." That was the old people favorite word, "If you don't want to eat it, lie down side of it." But she never used to treat us that bad, because we know still at night, she's going to mix her flour, and she's going to catch

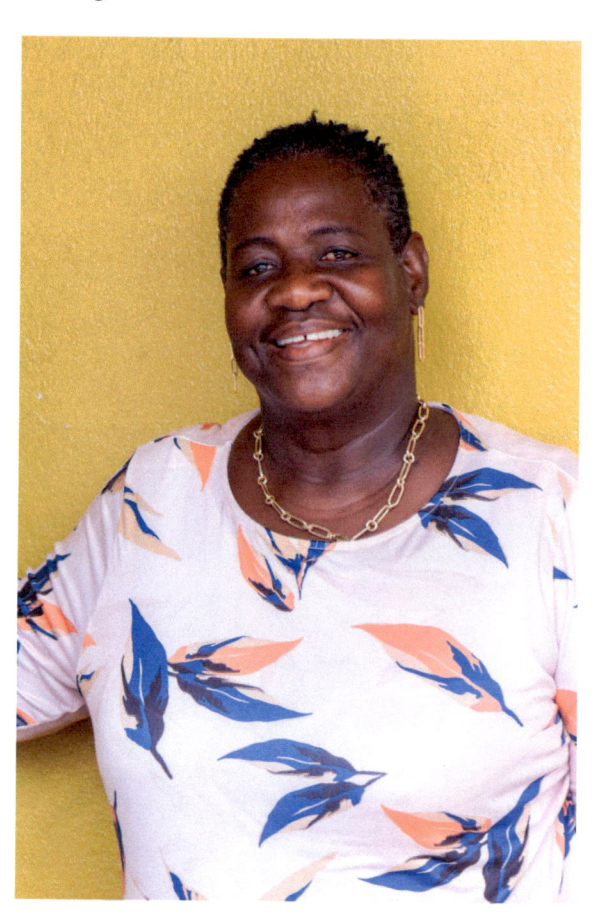

Augustine Baly, SKA member

Augustine Baly, membre de SKA

Les jours les meilleurs
Augustine Baly

Je suis née à Rambaud. Je suis née en 1965, j'ai donc 57 ans. J'ai quatre enfants. J'ai six petits-enfants. C'est mon petit cercle familial, et j'ai aussi trois petites-filles et trois petits-fils, mes trois petits-fils sont en France, alors je ne les vois pas, mais on parle au téléphone de temps en temps. La technologie est vraiment utile. Notre mère nous a beaucoup appris.

Nous étions 12 enfants, une grande famille. Tandis que je grandissais et que j'apprenais, mes frères et sœurs étaient déjà grands. Ma sœur, elle a 11 ans de plus que moi c'est vrai, mais le temps que je grandisse et que j'apprenne, elle était assez grande pour se débrouiller seule, mais ma mère était toujours là et elle nous a beaucoup appris.

Lorsque ma mère cuisinait quelque chose qu'on n'aimait pas, « Et si on allait dehors ? ». On savait qu'on pouvait trouver quelque chose pour nous remplir le ventre.

Ma mère disait : « Si tu n'en veux pas, va te coucher le ventre vide. » C'était la phrase préférée des vieux : « Si tu ne veux pas en manger, va te coucher le ventre vide. » Mais elle ne nous traitait jamais comme ça, parce qu'on savait que le soir, elle allait mélanger la farine, faire du feu et nous cuire un johnny cake, mais pour ça il fallait qu'on aille lui chercher du bois.

Parfois, je me revois petite fille. On était environ huit. On allait dans les bois, il y avait un endroit qu'on appelait « down the bottom », le « fond » en français. Le fond, c'était un endroit où les hommes faisaient paître leurs bêtes, leurs vaches. Tout le monde y avait un lopin de terre, un pâturage, et tout le monde avait 12-15 têtes de bétail. Il y avait un puits, il n'y avait pas l'eau de ville, le puits servait à puiser de l'eau.

Je me souviens qu'on allait chercher de l'eau, on remplissait notre seau, on le mettait sur notre tête et on le ramenait à la maison parce qu'il fallait remplir nos réservoirs. Au moins deux réservoirs d'eau avant d'aller à l'école le matin. Et donc, vous voyez Rambaud, en allant de l'autre côté il y avait deux puits. On devait aller y chercher de l'eau, rentrer à pied tous les matins et remplir le

her fire, and she's going to bake our johnny cake, but we have to go and get her wood.

Sometimes, I remember myself as a little girl. It used to be about eight of us. We used to go down through the bush, we have an area that they called down in the bottom. Now, the bottom is an area with the gentlemen used to keep their cattles, their cow. Everybody had the pasture, their land, and everybody had like 12-15 head of cattle. It had a well, didn't have no city water, the well was to draw water.

Rolling johnny cakes at a SKA workshop

Rouler des johnny cakes lors d'un atelier SKA

I remember going for water, filling our bucket, putting a bucket of water on our head to bring home because we had to full tanks. At least two tank of water before we go to school in the morning. So, you see Rambaud, as you go along on the other side, there were two wells. We had to go there for water and walk home every morning, full us tank, but on our way out to get the water, we have to take the sheeps out and tie out the sheep, so when we come back from school in the afternoon, we got to go back and look for the sheep, take them back home, and pen them in.

On Easter, we didn't had cars. I did not remember cars for that, so what my mom used to do, we had to get our wood, stack the wood at home. My mom going to bake a tart or cake or pudding, whatsoever she have to do the day before. And then she's going to get up on Easter morning early, cook her food, and we had to walk it from Rambaud to Friar's Bay with the food on our head. We'd walk it down through the way called the bottom, it was through bushes, but it didn't matter to us because we were happy to get to the beach.

Once we get to the beach, there's no fanciness of what you see now, you're going to the beach, you got table, you got big this, and big that. They lay out a spread and they lay down their boxes and pots with the food, and we are there until five, six o'clock that afternoon, and we used to have fun. Those was the best days. It was the best.

Cattle in the field

Bétail dans le champ

Mango

Mangue

réservoir, mais en sortant pour aller chercher l'eau, on devait faire sortir les moutons et les attacher, et quand on revenait de l'école l'après-midi, on devait retourner chercher les moutons, les ramener à la maison et les enfermer.

À Pâques, on n'avait pas de voitures. Je ne me souviens pas de voitures, alors ce que ma mère faisait, on allait chercher notre bois, on le stockait à la maison. Ma mère préparait une tarte, un gâteau ou un pudding, tout ce qu'elle devait faire la veille. Et puis elle se levait tôt le matin de Pâques, faisait cuire sa nourriture, et on allait à pied de Rambaud à Friar's Bay en portant la nourriture sur la tête. On descendait par le chemin appelé le fond qui traversait les bois, mais ça n'avait pas d'importance parce qu'on était heureux d'arriver à la plage.

Une fois à la plage, ce n'était pas aussi sophistiqué que maintenant, aujourd'hui on va à la plage avec une table, plein de trucs encombrants. On étendait un tissu par terre et on y posait les boîtes et les pots de nourriture, et on restait là jusqu'à cinq, six heures de l'après-midi, et on s'amusait bien. C'étaient les jours qu'on préférait. C'étaient les jours les meilleurs.

A Little Taste of the Way It Used to Be
Monique Joe

From a child, my mother used to always do a little Christmas decor in the yard and stuff for us, and the neighbor's children used to come around. I also had my uncle who used to live in the States, and he used to send us little decorations.

When I finished my studies, I wanted to do something for the children, a little party in the yard. From there, it grew to the Christmas House. With Mom's decorations and everything, we continued to prepare it, and give what it gives today.

Our association was declared in '87, but it was not as known as how it is now. We used to ask the merchants for candies and sweets, whatever they can donate in the beginning times, to give to the kids. At that time St. Martin was blooming.

When the kids come to the party, we always had things to give them and, of course, we had the goodies for the parents. Mom always used to make the cake and the pudding and the punch. We are famous for that.

The house has always been open house. My mom never wanted to institute nothing with a fee. We find that anybody that come, they donate what they can. If they want to put a five-dollar, a dollar,

Monique Joe and her mother, Bernadine Arnell Joe

Monique Joe et sa mère, Bernadine Arnell Joe

Un petit goût d'autrefois
Monique Joe

Depuis mon enfance, ma mère faisait toujours une petite décoration de Noël de la cour et des trucs pour nous, et les enfants des voisins venaient. J'avais aussi mon oncle qui vivait aux États-Unis et il nous envoyait des petites décorations.

Quand j'ai fini mes études, j'avais envie de faire quelque chose pour les enfants, une petite fête dans la cour. De là, elle s'est développée et est devenue la Maison de Noël. Avec les décorations de Maman et tout, on a continué à la préparer, et à donner ce qu'elle donne aujourd'hui.

Notre association a été déclarée en 1987, mais elle n'était pas aussi connue qu'elle l'est aujourd'hui. Au début, nous demandions aux commerçants des bonbons et des friandises, tout ce qu'ils pouvaient donner, pour les donner aux enfants. À cette époque, Saint-Martin était en plein essor.

Lorsque les enfants venaient à la fête, nous avions toujours des choses à leur offrir et, bien sûr, nous avions de bonnes choses pour les parents. Maman préparait toujours le gâteau, le pudding et le punch. Nous sommes connus pour cela.

La maison a toujours été portes ouvertes. Ma mère n'a jamais voulu imposer de frais. Nous constatons

Decorations at Christmas House

Décorations à la Maison de Noël

two dollars, it all depends on the person. They donate what they can.

This place is mostly about sharing love one way, and teaching our youths about our tradition, our way of living. To those that come and visit us, we share the friendly island hospitality that right now we're losing in a sense. We try to perpetuate all that. So that's what Christmas House is all about, and also making you dream.

We have the guavaberry. My mother makes a lot of guavaberry punch, so everybody can get a little taste when they come. We have the coconut tart, the sweet potato pudding…all the goodies that our ancestors used to make.

Then after, we have also lunch and dinner. For Christmas, you have to have your pork meat, your ham, your pigeon peas. Those are the things we still keep, so the people can have a little taste of the way it used to be.

que quiconque vient donne ce qu'il peut. S'ils veulent mettre cinq dollars, un dollar, deux dollars, tout dépend de la personne. Ils donnent ce qu'ils peuvent.

Cet endroit est avant tout dédié au partage de l'amour et à l'enseignement à nos jeunes de nos traditions, de notre façon de vivre. Avec ceux qui viennent nous rendre visite, nous partageons l'hospitalité amicale de l'île que, dans un certain sens, nous perdons actuellement. Nous essayons de perpétuer tout cela. C'est donc ça, la Maison de Noël, et aussi de faire rêver.

Nous avons le guavaberry. Ma mère prépare beaucoup de punch au guavaberry, pour que tout le monde puisse y goûter un peu quand il vient. Nous avons la tarte à la noix de coco, le pudding à la patate douce… toutes les friandises que préparaient nos ancêtres.

Ensuite, nous avons également le déjeuner et le dîner. Pour Noël, il faut avoir sa viande de porc, son jambon, ses pois d'Angole. Ce sont les choses que nous gardons encore, pour que les gens puissent avoir un petit goût d'autrefois.

You Get a Feeling of Love
Bernadine Arnell Joe

We started from scratch. We made a little tree and the neighbors would come and the children would come and then it start growing. Then you start putting it outside and then people start coming and now it's very popular. It just happened, then people come in and you get a feeling of love, you share love.

I wanted it to be simple, no fee-charging and so on. At a certain time it gets so popular, that the amount that people comes, and I like to have cake and different things. Once a lady came and she said, "Why don't you put a basket let people put a little donation or something?" Thanks to whoever she was, because I didn't know her. From that day that basket has never been empty. It always provide enough to buy the cake, buy the rum and make the punch.

It's the spirit of Christmas. Like I said, God always provide. Sometimes, if you ask me how you getting by with it, it's very expensive, but then God always provide. Like this year, people bring Christmas tree, they bring lights and it helps. It motivates you because the love you get from the people, the feeling that you get, it could be motivating.

When I look out the morning after [Hurricane

Bernadine Arnell Joe, creator of Christmas House

Bernadine Arnell Joe, créatrice de la Maison de Noël

Un sentiment d'amour
Bernadine Arnell Joe

Nous sommes partis de rien. Nous avons fait un petit sapin et les voisins sont venus et les enfants aussi et puis ça a pris de l'ampleur, petit à petit. Par la suite on a mis les choses dehors, et les gens ont commencé à venir et maintenant, c'est très populaire. C'est arrivé tout simplement. Les gens entrent et on ressent un sentiment d'amour, on partage de l'amour.

Je voulais que ce soit simple, sans faire payer et tout et tout. À un moment, ça a commencé à être si apprécié qu'il y a vraiment beaucoup de gens qui viennent. J'aime mettre des gâteaux et différentes choses à disposition. Une fois, une dame est venue et m'a dit : « Et si vous mettiez un panier pour que les gens vous donnent un petit peu d'argent ou autre chose ? » Je ne la connaissais pas, mais merci à elle ! Depuis ce jour, ce panier n'a jamais été vide. Il rapporte toujours de quoi acheter le gâteau et le rhum et faire le punch.

C'est l'esprit de Noël. Comme je le disais, Dieu y pourvoit toujours. Parfois, on me demande comment je fais, c'est très cher, mais Dieu y pourvoit toujours. Comme cette année, les gens ont apporté un sapin de Noël, ils ont apporté des lumières et ça aide. C'est motivant parce que l'amour qu'on reçoit des gens, le sentiment qu'on ressent, c'est une source de motivation.

Quand j'ai jeté un œil dehors le lendemain [de l'ouragan Irma], je me suis dit : « Ça y est, c'est fini » parce que toutes nos affaires étaient dehors, cassées, pêle-mêle. Alors, j'ai dit : « Eh bien cette année, nous ne pourrons vraiment pas nous en sortir. » Mais ensuite, on avait une motivation si forte qu'il fallait qu'on se batte.

Vous savez, un petit enfant est venu et m'a dit : « Madame, le Père Noël est mort. » Et moi j'ai répondu : « Non, il n'est pas encore mort, on va le ressusciter. »

Il y avait là un Père Noël debout sur le toit, comme s'il regardait la rue et j'ai dit : « C'est un signe. » Et puis, nous avions quelques fleurs qui restaient des guirlandes de l'année précédente. Elles étaient là, devant nous. J'ai pensé : « Mais quand même, avec toute cette destruction, ces choses sont restées ici. Il faut faire quelque chose. » C'est dans cet état d'esprit que nous avons fait quelque chose.

Irma], I decide well, this is it, because all our stuff was put outside here, messed up. So, I said, "Well, this year we really can't get by this year," but then, with our spirit, we've got to fight.

You know little child come around and say, "Miss, Santa Claus est mort," meaning Christmas is dead. I say, "No, it ain't dead yet, we've got to resurrect him."

There was a Santa standing up on the roof there, looking like he look at the street and I said, "This is a sign." Then we had some flowers that stay up from garlands from last year. And they stayed there. I said, "But with all this destruction and these things stay there, we have to do something." With that spirit we did something.

It makes you feel good, like when people come and see that they pass and say, "We ain't gonna have no Christmas this year." Then they see the lights. And the joy from that, it gives you a nice feeling. Just the joy and love. You see the joy at meeting people, it makes you feel that you did something. Nothing can prepare you for the feeling of sharing.

When people come here, it's like a family. We have people come for years. I have people come bring their children, then the children bring their children and then they will tell you, "I was coming here from since I was a child and now I bring my child." It come like a knit family. A love that you can't explain.

I had big people come here and cry. They tell me they feel some kind of a joy, maybe a spiritual joy. It makes you feel good that you could do that. To me, that is like giving to my country, to my family. Wherever I go now, people will say, "Christmas lady." It brings so much joy.

I want if I pass tomorrow, God forbid, that it continue. Just leave the house to be the Christmas House and I think that will be a nice feeling. I hope that the kids will go on.

Bernadine Arnell Joe at her Christmas House

Bernadine Arnell Joe à sa Maison de Noël

Ça fait du bien, comme quand les gens viennent, ils passent et ils disent : « Il n'y aura pas de Noël cette année. » Puis ils voient les lumières. Et la joie qui naît de tout cela, ça procure une belle sensation. De la joie et de l'amour, tout simplement. On voit que pour les gens, il y a la joie de la rencontre, ça donne l'impression d'avoir fait quelque chose. On n'est pas préparé à ce sentiment de partage.

Quand les gens viennent ici, c'est comme une famille. Certains viennent depuis des années. Il y en a qui amènent leurs enfants, puis les enfants amènent leurs enfants et ensuite ils disent : « Je venais ici quand j'étais enfant et maintenant j'amène mon enfant. » C'est comme une famille unie. Un sentiment d'amour qu'on ne peut pas expliquer.

J'ai vu des grandes personnes venir ici et pleurer. Elles me disent qu'elles ressentent une sorte de joie, peut-être une joie spirituelle. Cela fait du bien de pouvoir faire ça. Pour moi, c'est comme donner à mon pays, à ma famille. Partout où je vais maintenant, les gens disent : « la Dame de Noël ». Cela m'apporte tellement de joie.

Si je meurs demain, à Dieu ne plaise, je souhaite que ça continue. Que la maison reste la Maison de Noël, je pense que ça ferait plaisir. J'espère que les enfants continueront.

Beyond, Around, or Through Time
Roland Richardson

Art is a vehicle by which time is set aside. It's set aside maybe because it captures something so permanent or pertinent to that period. That then is valued and preserved, and so centuries and centuries later we can look at them as if we were there looking at them.

Art plays a hugely important role in our lives, even if most of us are actually not aware of it. That is why Art is Art, because it's also created within a context of, let's call it indifference or insouciance, or unconsciousness. Art is one of the traces of consciousness because it records in the living time something that continues to live within the picture itself.

I'm sad to report a huge body of my work is about things that are no longer. That proves the point right there and then. When you see the salt pond when it was alive, and how multicolored it would become at certain phases of the salt formation, there was a quality of timeless beauty that no longer is able to be experienced.

That's one example, but there are multiple examples, and it extends beyond just the landscape or the nature if you will, but it also includes the presence of that culture. Your architecture, your

Sir Roland Richardson, St. Martin artist and cultural heritage worker

Sir Roland Richardson, artiste et travailleur du patrimoine culturel Saint-Martinois

Au-delà, autour ou à travers le temps
Roland Richardson

L'art est un moyen par lequel le temps est mis de côté. Il est mis de côté peut-être parce que l'art capture quelque chose de permanent ou de pertinent de la période concernée. Ce quelque chose est alors valorisé et préservé, de sorte que des siècles plus tard, on peut l'admirer comme si on était là physiquement à le regarder.

L'art joue un rôle extrêmement important dans nos vies, même si la plupart d'entre nous n'en avons pas conscience. C'est pourquoi l'art est ce qu'il est, parce qu'il est aussi créé dans un contexte d'indifférence ou d'insouciance, en quelque sorte, ou même d'inconscience. L'art est une des traces de la conscience parce qu'il enregistre dans le temps vivant quelque chose qui continue à vivre dans l'image elle-même.

Cela m'attriste de constater qu'une grande partie de mon travail porte sur des choses qui n'existent plus. C'est bien la preuve qui illustre ce point. Quand on voit l'étang salé lorsqu'il était vivant, et la façon dont il devenait multicolore à certaines phases de la formation du sel, il y avait une qualité de beauté intemporelle qui ne peut plus être expérimentée.

Mt. William · Mont William

village structures, where you live, and the function that it plays in your life, all of these things are actually the subject of Art — when you have a point where there's a richness because the older houses are more plentiful, there's a richness that is present that most of the time we're not aware of.

Any recordings, whether it's sketches or etchings or whatever other forms of recording that I do, the fact of recording it puts it into a situation that's extremely subtle in that it communicates beyond, or around, or through time. There are many things about the culture, in the sense of architecture. But there's also and perhaps, for me now, more so than ever before, the people, the ones who create that culture, the ones who maybe I would say, change those things.

The people themselves are a treasure. I am in the process of trying to record and preserve for posterity certain things because they are known firsthand. My entire artistic career, over 60 years, has been principally devoted to St. Martin as the venue in which I lived and the environment to which I responded.

Marigot

Ce n'est qu'un exemple, mais il y en a énormément, et cela va au-delà du paysage ou de la nature, si vous voulez, mais cela inclut aussi la présence de cette culture. L'architecture, les structures de votre village, l'endroit où vous vivez et la fonction que cet endroit joue dans votre vie, toutes ces choses sont en fait sujet à l'art. Lorsqu'on arrive à un point où il y a de la richesse culturelle parce que les vieilles maisons sont plus nombreuses, il existe une sorte de richesse disponible dont nous ne sommes pas conscients la plupart du temps.

Toutes ces mémoires, qu'il s'agisse d'esquisses, de gravures ou de toute autre forme de mémoire que je réalise, le fait de les enregistrer les place dans une situation extrêmement subtile dans la mesure où elles communiquent, comme je le dis, au-delà, autour ou à travers le temps. Il y a beaucoup d'éléments de culture qui touchent à l'architecture. Mais il y a aussi les gens, et pour moi peut-être maintenant plus que jamais, ceux qui créent cette culture, ceux qui, je dirais, changent ces éléments.

Les gens eux-mêmes sont un trésor. Je suis en train d'essayer d'enregistrer, de préserver pour la postérité certaines choses parce qu'on les connait de source directe. Toute ma carrière artistique, qui s'étend sur plus de 60 ans, a été principalement consacrée à Saint-Martin en tant que lieu dans lequel je vivais et environnement auquel je répondais.

Bridge I, Grand Case · Pont I, Grand Case

A Floodgate That Opens
Roland Richardson

I was born in Marigot, in 1944, and grew up on St. Martin until the age of 13, between Marigot and Grand Case. At 13, we emigrated to America, and my American education began then and lasted for 10 years, which was eighth grade, and then high school, so that's five and then five years at the Hartford Art School, University of Hartford, Connecticut for my Bachelor of Fine Arts. Since then, which would have been in the '60s, I have been working as an artist for my time here on the Earth and on the island.

When I got home, being timid by nature, I never let anybody see me working. I always worked either behind closed doors or away from everyone. At one point, I realized that here I was, with these dreamy kind of ideas about becoming an artist in the Caribbean. I realized at that point that I did not know anything about my culture, my island, my region, none of these things I knew, and yet I had this inner drive that I was going to become an artist of the Caribbean.

I actually realized within myself that I didn't really know anything at all about, ultimately, who I was, and where I was, and any of it. *Discover* magazine actually became a catalyst for me. A tutor, if you will, through which I learned about the Caribbean,

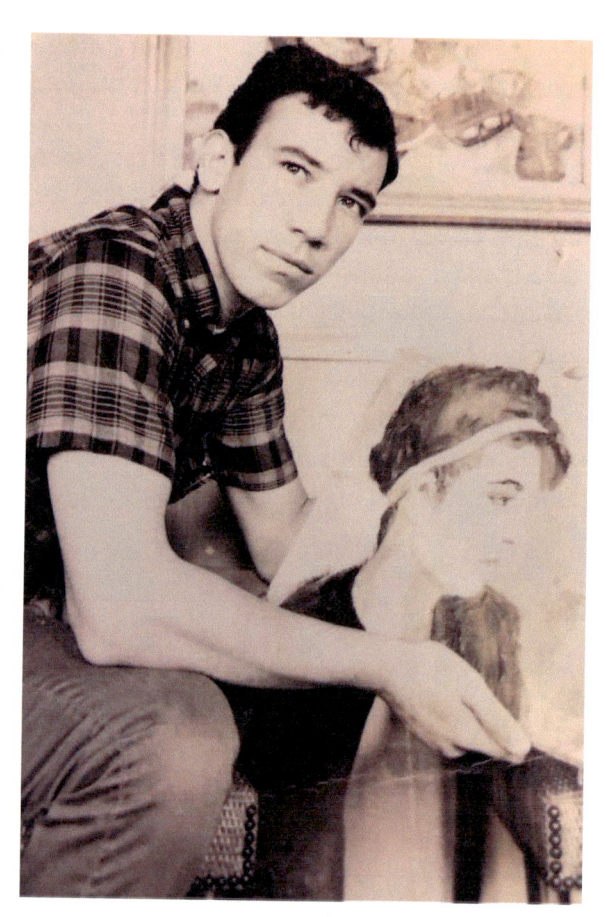

Roland Richardson, circa 1960s

Roland Richardson, circa les années 1960

Une porte qui s'ouvre
Roland Richardson

Je suis né à Marigot, en 1944, et j'ai grandi à Saint-Martin entre Marigot et Grand Case jusqu'à l'âge de 13 ans. À mes 13 ans, nous avons émigré en Amérique, et c'est à ce moment-là que mon éducation américaine a commencé. Elle durera 10 ans, c'est-à-dire qu'elle couvrira la fin du collège, puis le lycée, donc cinq ans et ensuite cinq ans à l'université pour ma Licence en Beaux-Arts. Depuis lors, c'est-à-dire depuis les années 60, je travaille en tant qu'artiste, tout le temps que je passe ici sur terre et sur l'île.

Quand je rentrais chez moi, étant de nature timide, je ne laissais jamais personne me regarder travailler. Je travaillais toujours derrière des portes closes ou à l'écart de tout le monde. À un moment donné, je me suis rendu compte que j'étais là, avec mon rêve de devenir un artiste dans les Caraïbes. J'ai compris à ce moment-là que je ne connaissais rien de ma culture, de mon île, de ma région, rien de tout cela, et pourtant j'avais cette volonté intérieure de devenir un artiste des Caraïbes.

J'ai compris que je ne savais pas vraiment qui j'étais, où j'étais, etc. Le magazine *Discover* est devenu un catalyseur pour moi. Un tuteur, si vous voulez, grâce auquel j'ai enrichi mes connaissances sur les Caraïbes, sur Saint-Martin, sur des aspects de notre culture, que je n'aurais pas acquises sans lui. Parce qu'il m'a mis en contact avec ce que j'évitais le plus, à savoir les gens.

Lorsque j'interrogeais les gens pour compléter mes connaissances, j'ai commencé à apprendre à un rythme effréné. J'ai senti que c'était possible parce que c'est comme quand on a beaucoup de carburant et que très peu de voitures l'utilisent, on a la capacité d'en produire davantage. Alors que si tout le monde utilise la même source, tout le monde en a une part et ça réduit un peu les choses. Mais quand personne ne s'en soucie, il y a une ouverture, une porte qui s'ouvre.

J'ai commencé à découvrir toutes sortes de connaissances, du précolombien à l'histoire de Saint-Martin et ses différentes phases industrielles, etc., à un moment où l'île s'est retrouvée au bord du précipice, parce qu'elle commençait tout juste à devenir une destination populaire et tous les

about St. Martin, about aspects of our culture, that without it, I would not have gained. Especially because it brought me in touch with the one thing that I was avoiding the most, which were people.

By not knowing something and then going and asking people about it, I started to learn at an accelerated rate. I felt that that was possible because it's like when you have a lot of fuel and very few cars using it, then you have the capacity for a greater amount. Whereas, if everybody's using the same source, then everybody gets a piece and it pretty much flattens it out. But when no one cares, there's an opening, and then there's a floodgate that opens.

I started to discover all kinds of things from pre-Colombian, through St. Martin's history and its various phases of its industries, and on and on at an absolute edge of the cliff time, because it was just starting to become a popular destination and all of the characteristic changes, which are called development, in order to facilitate that growth, destroy precisely what is attracting people.

Through no planning of mine, and definitely part of destiny, I found myself suddenly in a position that was utterly unique, because I felt that I had been, in a sense, brought to a point where I could see a certain amount of enlarged clarity, the precipice we were approaching with tourism.

Carnival — Waiting for the Parade · Carnaval — En attendant le défilé

changements caractéristiques, que l'on appelle le développement, afin de faciliter la croissance, détruisent précisément ce qui attire les gens.

Sans aucune planification de ma part, et sans aucun doute par le biais du destin, je me suis retrouvé soudain dans une position tout à fait unique, parce que j'avais l'impression d'avoir été, en un sens, amené à un point où je pouvais voir, très clairement, le précipice au bord duquel le tourisme nous amenait.

Sucker Garden Neighbors · Voisins du Sucker Garden

Something of Our Initial Beauty
Roland Richardson

I have work still from my very earliest beginnings that now I feel somehow should be kept as a record of the island because it's the only image that we have of something of our initial beauty. If we don't have it physically, the picture plays again that magical role because it does communicate that feeling for that place at that time, when beauty was more evident.

Before, it just seemed that wherever you went, there was ample subject that was interesting. As the subject diminished, so did the amount of pictures that I was doing in response. I wish I had done more. I work in part on an idea that if it catches my attention, that's all I need as a catalyst to start the process of picture-making.

There are times when you see something that strikes you, but you don't actually have, for whatever reason, the time or even you're not prepared materially to do something about it. I've always felt that even if I made the vaguest, most rapid sketch of whatever it was that drew me, even though I didn't have the time to do something more fully developed, the fact of the gesture of the sketch, the proof of the response that I saw something that attracted me that no matter how minimal that was, it was extremely important because it meant that it kept open the door between me and whatever "it" is.

Self-portrait in the Kitchen

Autoportrait dans la cuisine

Un peu de notre beauté initiale
Roland Richardson

Je possède encore des œuvres qui datent de mes tout premiers débuts et qui, d'une certaine manière, devraient être conservées comme témoins de l'île, car c'est la seule image que nous ayons d'un peu de notre beauté initiale. Si cette beauté n'existe plus physiquement, l'image joue à nouveau un rôle magique parce qu'elle communique le sentiment de beauté du lieu à cette époque, lorsque la beauté était plus visible.

Avant, il semblait que partout où on allait, il y avait un sujet intéressant. Au fur et à mesure qu'il restait moins de sujets à traiter, je faisais aussi moins d'images. J'aurais aimé en faire plus. Je travaille en partie sur l'idée que si cela attire mon attention, c'est tout ce dont j'ai besoin comme catalyseur pour commencer le processus de création d'images.

Il arrive que l'on voie quelque chose qui nous frappe, mais que l'on n'ait pas le temps, pour une raison ou une autre, ou même que l'on ne soit pas prêt matériellement à en faire quelque chose. J'ai toujours pensé que même si je faisais l'esquisse la plus vague, la plus rapide, de ce qui m'attirait, même si je n'avais pas le temps de produire quelque chose de plus développé, le simple geste de l'esquisse, la preuve de ma réaction à quelque chose que j'avais vu et qui m'avait attiré, aussi minime soit-elle, étaient extrêmement importants parce que cela signifiait que la porte restait ouverte entre moi et ce que « cela » pouvait être.

J'ai beaucoup d'esquisses qui sont en fait stimulantes. Parfois, elles sont très abstraites, mais elles sont tout de même l'expression d'une réaction afin de maintenir le dialogue. Au début, lorsque je suis revenu à Saint-Martin avec l'intention de consacrer ma vie à l'art, j'étais très timide et je travaillais toujours à l'abri des regards. Et comme le paysage était partout, en faisant quelques pas je disparaissais dans le paysage. Je travaillais de cette façon plus que de manière visible.

Il m'a fallu beaucoup de temps pour pouvoir travailler dans un lieu ouvert à ceux qui passaient, à pied ou en voiture, où ils pouvaient au moins voir ce que je faisais. Il m'a fallu beaucoup de temps pour être capable d'être plus à l'aise de faire cela en public.

I have a lot of sketches that are really just electric. Sometimes they're so abstract, but still they are gestures of response in order to keep the dialogue going. In the beginning, when I first returned to St. Martin with the intention of devoting my life to being an artist, I was very timid and so I always worked out of sight. In that case, the landscape was everywhere, so I could take just a few steps and I would disappear in the landscape. I worked that way more than visibly.

It took a long time to actually be able to work in an open situation where people could walk by or drive by or at least see you doing what you were doing. It took a long time for me to be able to do that more comfortably publicly.

Again, as I came out of the woods and became more visible, the work took on an additional kind of impact because now it was being shared openly. People could stop if they were interested and often come up and watch, which before they never saw me work. I didn't exist. Those things do affect your quantity as well as the variety of your subjects.

It may be seen that I'm painting what interests me, but every one of them, in a sense, belongs to the community. That's where, in fact, I have also experienced and enjoyed a tremendous amount of encouragement. I think that that's what I've been doing all along.

The Artist's Home, November 1992

La maison de l'artiste, novembre 1992

Encore une fois, lorsque je suis devenu moins timide et plus visible, mon travail a eu un impact supplémentaire parce qu'il était désormais partagé ouvertement. Les gens pouvaient s'arrêter si ça les intéressait, et souvent ils s'approchaient et regardaient, alors qu'avant ils ne me voyaient jamais travailler. Je n'existais pas. Cela affecte la quantité et la variété des sujets.

On peut voir que je peins ce qui m'intéresse, mais chaque œuvre, en un sens, appartient à la communauté. C'est là, en fait, que j'ai également reçu et apprécié énormément d'encouragements. Je pense c'est ce que j'ai fait depuis le début.

Little House in Orleans, June 6, 1989 · Petite maison à Orléans, 6 juin 1989

Into the Community
Roland Richardson

I've had many adventures, obviously, in my work. One day I'm driving and I see something that turns my head, so I stop the car and I turn around and I want to approach it. I get as close as I can and end up in a driveway that takes me down to a house that has a fence around it, a gate.

I stopped the car and I call out and I said, "Hello." Someone answers me and I realize that there's two ladies sitting under a mango tree in the yard that I didn't see before. I said, "May I come?" One lady said, "Yes, come." I came in and I salute them. I said, "Good morning, and I'm so and so and what not." She stopped me right in the middle of my introduction. She says, "I know who you are and I know why you're here and the answer is yes," just like that.

I ended up painting in their backyard. I did a work so large that they actually gave me a room where I could leave the painting instead of having to take it back and forth. That was Carlson Velasquez and his wife.

July 2006 in Carlson's Yard, Belle Plaine · Juillet 2006 dans la cour de Carlson, Belle Plaine

Vers la communauté
Roland Richardson

J'ai vécu de nombreuses aventures, évidemment, dans mon travail. Un jour, j'étais en voiture et j'ai vu quelque chose qui m'a fait tourner la tête, alors j'ai arrêté la voiture et je me suis retourné pour m'en approcher. Je me suis approché le plus possible et je me suis retrouvé dans une allée qui me menait à une maison entourée d'une clôture et d'un portail.

J'ai arrêté la voiture, j'ai crié « Bonjour ». Quelqu'un m'a répondu et je me suis rendu compte qu'il y avait, assises sous un manguier dans la cour, deux dames que je n'avais pas vues auparavant. J'ai demandé : « Est-ce que je peux entrer ? » L'une des dames a répondu : « Oui, venez ». Je suis entré et je les ai saluées. J'ai dit : « Bonjour, je suis ceci, cela, etc. » Elle m'a arrêté en plein milieu de ma présentation et m'a dit : « Je sais qui vous êtes et je sais pourquoi vous êtes ici et la réponse est oui », de but en blanc.

Finalement je me suis mis à peindre dans leur jardin. J'ai effectué un travail tellement imposant qu'on m'a donné une pièce où je pouvais laisser le tableau au lieu de devoir l'emporter et le rapporter. C'était Carlson Velasquez et sa femme.

Il est certain que mes efforts ont été encouragés. Ces encouragements m'ont conduit de plus en plus vers la communauté. Comme je l'ai dit, il m'a toujours fallu du courage pour peindre un tableau. À chaque fois, c'est un engagement. Cela n'arrive pas de manière inattendue. C'est un engagement délibéré, à chaque fois.

J'avais toujours plus de réticence avec les gens, je l'ai mentionné à plusieurs reprises, préférant l'invisibilité. Pourtant, pour pouvoir peindre des portraits, ce qui m'a toujours attiré, il fallait avoir affaire aux gens. Au début, c'étaient des enfants, poussés vers mon atelier par leur curiosité. Je n'ai pas eu besoin de les inviter. Je n'ai pas eu à leur demander la permission. Puis, petit à petit, j'ai commencé à demander aux autres, et aux adultes.

Puis, au bout d'un certain temps, j'ai compris que mon effort serait vraiment valorisé si je peignais mes tableaux dans leur environnement, parce que c'est une autre facette d'eux et aussi un sujet unique pour moi.

I've enjoyed an encouragement for sure in my endeavor. That encouragement led me more and more into the community. As I say, it's always taken courage for me to paint a picture. Every time it is something that you address. It doesn't happen unexpectedly. It is a deliberate engagement every single time.

I've always been, as I mentioned many times, more reticent around people, more preferring invisibility. Yet, in order to paint portraits, which have always drawn me, it meant dealing with the people. In the beginning it was children, because their curiosity brought them into my studio. I didn't have to invite them. I didn't have to ask their permission. Then piecemeal, it grew into where I would ask others and adults.

Then after a while, I realized that real value would be added to my effort if I did the pictures in their environment, because that's another facet of them and also something unique subject-matter-wise to me.

I go into a lady's home to paint a portrait and she's got angels all over the place and pictures and then statues hanging all over. Suddenly, I walked into a world that I couldn't imagine. The addition that such a context brings takes a portrait far beyond any kind of likeness because you're in that person's space.

That's one thing I don't want to add to my regrets. I have enough of those. I really would like to do more and more of the portraiture. Ultimately, no matter how beautiful the landscape is or the bowl of mangoes, or the flamboyant tree or the sea, the bougainvillea, all of them are beautiful, attractive, but none of them, when I show them the picture that I've painted of them, none of them can respond. Only people can do that.

Mrs. Halley and Her Angels, Simpson Bay, March 2013

Mme Halley et ses anges, Simpson Bay, mars 2013

Je suis entré dans la maison d'une dame pour peindre un portrait et il y avait des anges partout, des tableaux et des statues suspendus un peu partout. Tout à coup, je suis entré dans un monde que je ne pouvais pas imaginer moi-même. Un tel contexte produit un portrait bien au-delà de toute forme de ressemblance, car on se retrouve dans le monde de cette personne.

Je ne veux pas ajouter cela à la liste de mes regrets. J'en ai suffisamment. J'aimerais vraiment faire de plus en plus de portraits. Parce qu'en fin de compte, peu importe la beauté du paysage ou du bol de mangues, ou du flamboyant ou de la mer, du bougainvillier, tous sont beaux, attrayants, mais aucun d'entre eux, lorsque je leur montre le tableau que j'ai peint d'eux, aucun d'entre eux ne peut réagir. Il n'y a que les gens qui peuvent réagir.

Calix, Casino Royale at the Roulette Table, November 2013 · Calix, Casino Royale à la table de roulette, novembre 2013

This book was developed as a companion to Amuseum Naturalis, St. Martin's free museum of nature and heritage. The Amuseum, and this book, were created by Les Fruits de Mer.

Les Fruits de Mer is a non-profit association based in St. Martin. Their core mission is to collect and share knowledge about local nature and heritage. They carry out this mission through books and other publications, their free museum, short films and oral histories, events and other projects. Discover more and download free resources at lesfruitsdemer.com.

Ce livre a été conçu en complément de l'Amuseum Naturalis, le musée gratuit de la nature et du patrimoine de Saint-Martin. L'Amuseum et ce livre ont été créés par l'association Les Fruits de Mer.

Les Fruits de Mer est une association à but non lucratif basée à Saint-Martin. Sa mission principale est de recueillir et partager des connaissances sur la nature et le patrimoine de l'île. L'association réalise cette mission à travers des livres et d'autres publications, son musée gratuit, des courts métrages et des histoires orales, des événements et d'autres projets. Pour en découvrir plus et télécharger des ressources gratuites, visitez lesfruitsdemer.com.

LES FRUITS DE MER

AMUSEUM NATURALIS
at The Old House

Produced with the support of · Réalisé avec le soutien de :

Saint-Martin
Caraïbe Française · French Caribbean

RÉPUBLIQUE FRANÇAISE
Liberté
Égalité
Fraternité

anct
agence nationale de la cohésion des territoires

Made in the USA
Columbia, SC
29 April 2024